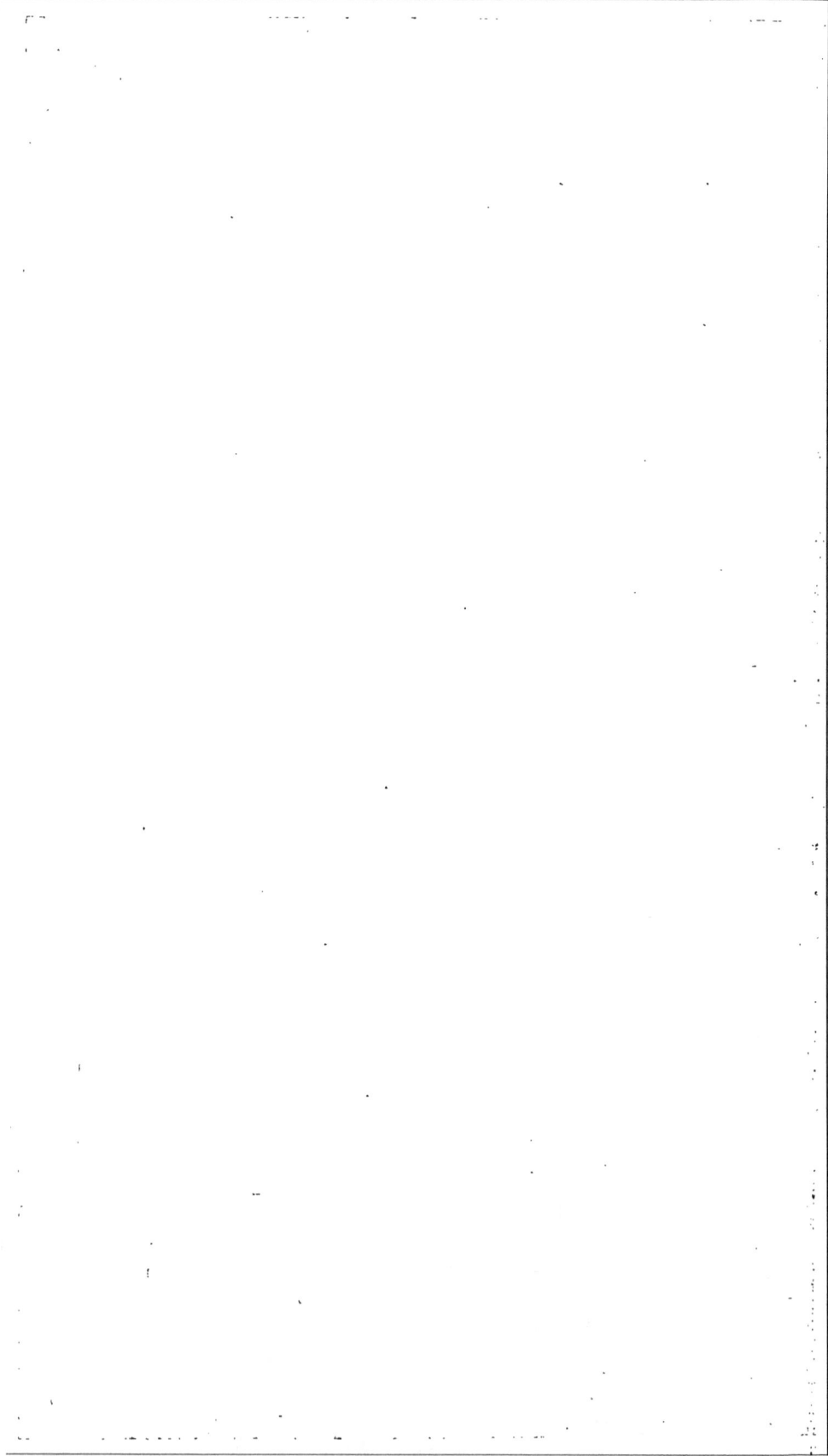

ÉTUDE DU CARACTÈRE

DE

PASCAL PAOLI

D'APRÈS SA CORRESPONDANCE.

CONFÉRENCE DE M. ALEXANDRE GRASSI.

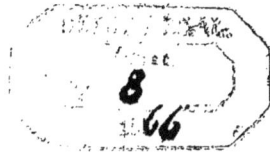

BASTIA,

DE L'IMPRIMERIE FABIANI.

1866.

ÉTUDE DU CARACTÈRE

DE

PASCAL PAOLI

D'APRÈS SA CORRESPONDANCE.

— ◆ —

MESSIEURS,

« *La parole est d'argent et le silence est d'or.* »
Et malgré cet enseignement de la sagesse arabe,
j'ai osé accepter l'honneur périlleux de vous en-
tretenir des choses de notre pays.

Ce n'est pas sans hésitation, — vous le comprenez sans peine, — et surtout sans une profonde émotion.

A cette même place où j'ai la témérité de
m'asseoir, un diseur élégant, avec un charme
dont vous vous souvenez encore, a égrainé devant vous les perles de la Poésie française con-

temporaine. Un historien vigoureux a esquissé, avec ampleur, une des plus grandes figures historiques de la Corse. Et je ne saurais surtout oublier cette spirituelle causerie sur l'économie politique qui restera sans doute dans votre esprit, comme elle est restée dans le mien, l'un des plus brillants souvenirs de nos conférences. Puis, après une soirée consacrée à la science, le nom de Molière a retenti dans cette enceinte, et, par des aperçus nouveaux, avec une puissance d'observation que vous avez certainement admirée, on a fait ressortir la force comique de ce grand maître de la scène française.

Surtout, après ces soirées attrayantes, le silence était d'or. Encore si ma parole était d'argent! Mais, pour continuer l'image, je crains bien qu'elle ne soit.... comment dirais-je? d'un métal commun et vulgaire, de billon. Et à votre goût si délicat, à votre esprit si éclairé, je voudrais offrir toutes les richesses, toutes les magnificences de la parole.

Une crainte surtout m'agite et me trouble. Je vais vous parler de Pascal PAOLI — et de sa correspondance : du caractère le plus pur de notre histoire; du grand citoyen dans lequel se confond la gloire de la Corse; de cette âme élevée qui réunissait en elle toutes les grandeurs morales; de cet homme, enfin, dont la gloire, comme un

chêne aux vastes rameaux, couvre encore de
son ombre lumineuse notre pays tout entier.
Ce n'est qu'avec un pieux respect, avec une vénération profonde que la pensée doit s'arrêter
sur cette grande et noble existence pour l'apprécier. J'ai le respect, j'ai la vénération, j'ai
même l'enthousiasme; mais il me manque l'art
de bien dire; il me manque surtout la magie du
langage que possèdent seules les intelligences
privilégiées. Je vous apporte, du moins, une parole convaincue et sincère. En faveur de cette
sincérité, accordez-moi votre attention bienveil-
lante.

I.

Messieurs, « *les peuples n'ont jamais que les
institutions qu'ils méritent.* » Cette profonde pensée historique, Voltaire la jetait à un grand peuple, à la France, qui, endormie dans les plaisirs,
sentait pourtant déjà germer en elle le désir de la
liberté et s'éveiller la conscience de ses droits.

Si cette pensée, qui porte bien la griffe du
grand sceptique, — railleuse et profonde, — si
cette pensée est vraie, les Corses du XVIIIᵉ siècle pouvaient lever le front avec orgueil, et
nous, leurs fils, nous pouvons nous glorifier de

nos pères. Pendant quatorze ans, — les quatorze années du gouvernement de PAOLI, — ils donnèrent à l'Europe un grand et magnifique spectacle : celui d'un peuple devançant, sans vaines théories, les autres peuples dans la pratique de la liberté, et marchant ainsi à la tête du mouvement de régénération qui allait se produisant partout autour de lui. L'éclosion des grands principes sur lesquels repose la société moderne s'est faite dans notre pays. Si l'arbre ne porta pas ses fruits, la faute ne fut pas la nôtre. Mais cette gloire, que nous pouvons, à bon droit, revendiquer, appartient tout d'abord à Pascal PAOLI, au grand homme qui domine notre histoire. Si nous le suivons pas à pas, depuis le jour où le suffrage de ses concitoyens lui confia les destinées de notre pays, jusqu'à l'heure fatale où tomba l'indépendance Corse ; depuis le jour où l'auguste Exilé revint dans notre île, rendue à la liberté, jusqu'à l'heure douloureuse où il se coucha dans le tombeau, nous nous sentirons pénétrés d'un grand et profond sentiment d'admiration. Cette fière et mâle physionomie grandira ; elle se dressera devant les yeux de la pensée ; et, sur ce vaste front calme et serein comme celui de l'homme sans tache, s'arrondira l'auréole sublime dont l'imagination aime à entourer la tête des morts illustres !

Mais avant de signaler, dans sa correspondance, tout ce qui peut rendre sa mémoire plus vénérée et son nom impérissable, permettez-moi de dire rapidement les institutions qu'il avait données à notre pays et que notre pays, selon la pensée de Voltaire, avait su mériter.

Divisés par les rivalités d'influence et les haines de famille, dirigés seulement par des chefs purement militaires, les Corses, épuisés d'ailleurs par une lutte trois fois séculaire, n'avaient pu, jusqu'en 1729, garder que la défensive. Mais alors un cri de révolte et d'indignation, parti des montagnes de Bozio, — un de ces cris suprêmes qu'une longue oppression fait sortir de toutes les poitrines, avait appelé aux armes toute main qui savait tenir un mousquet, tout homme dont le front rougissait, au souvenir de tant de honte supportée, dont le cœur vibrait encore aux mots magiques d'*Indépendance* et de *Liberté*. Le soulèvement fut terrible, car le peuple tout entier s'y associa. Les Seigneurs et les Barons jusque-là avaient dirigé les révoltes; ce fut alors la révolte qui les entraîna : ils n'avaient jamais été que les chefs d'un groupe de rebelles rentrant dans leurs possessions de famille au moindre échec, ils devinrent et restèrent désormais les serviteurs d'une idée, celle de l'indépendance. C'était un véritable mouvement populaire en même temps que militaire, où les aspirations vers la Liberté, vagues encore pourtant, se confondaient avec la haine de l'occupation étrangère. Mais, après vingt-cinq ans de lutte, dont la royauté éphémère de Théodore fut l'un des plus dramatiques incidents, on comprit que rien ne se ferait sans que le gouvernement Corse ne s'affirmât devant l'Europe, en se constituant ; sans qu'une organisation puissante ne vînt réunir en faisceau toutes les forces éparses, pour leur donner une direction unique.

Dans ces moments suprêmes où les peuples cherchent leur régénération, il semble que celui qui est appelé à les diriger et à les organiser, soit le produit naturel des événements. Un sol longtemps préparé et profondément fouillé par la charrue, n'attend plus pour produire que le grain du semeur : de même, aux grandes époques de l'humanité, les peuples attendent l'homme dont le génie fera sortir d'une situation préparée par les temps un ordre de choses qui devient comme la synthèse des événements accumulés par les siècles. Cet homme existe dans la foule : un mot, un acte le révèle : il paraît, tous les cœurs vont à lui, et un peuple — ou une idée — a trouvé son incarnation. L'histoire est là qui le prouve, l'histoire moderne surtout. Les grandes institutions naissent toujours dans les orages, et c'est lorsque la pensée humaine, en travail d'enfantement, creuse sa voie à travers les obstacles des temps de troubles et d'agitation, que les grands hommes surgissent. Pascal PAOLI, selon cette loi historique qui n'est que la logique des siècles, fut une création de son époque.

Les premières années du gouvernement de l'élu de la nation corse furent consacrées à l'organisation de son pays. Il fallait donner à cette population avide de luttes, prompte à s'exalter, les notions et la pratique de la liberté, l'instrument le plus efficace de la délivrance des peuples. Élève d'Antonio Genovesi, PAOLI traduisit en faits les théories de son illustre maître : Genovesi n'était pas seulement un philosophe à théories spéculatives ; ses leçons sur les droits des peuples et leurs relations entr'eux lui ont mérité, — non peut-être sans quelque exagération, — le nom glorieux de Platon italien. Le législateur des Corses avait puisé dans les maximes du maître, avec un sentiment éclairé et philosophique qui ne l'abandonna jamais dans sa longue carrière, des notions exactes sur les bases véritables du principe d'autorité, sur les sources légitimes du principe de liberté. Ces deux principes, Messieurs, on nous les montre sans cesse comme inconciliables, comme devant s'anéantir l'un par l'autre ; ce qui conduit fatalement à sacrifier la liberté à l'autorité; PAOLI avait su les concilier et faire disparaître l'antithèse dans une organisation forte et puissante. Cela résume son gouvernement : ce sera sa gloire éternelle.

Toutes les conquêtes dont la Révolution française se glorifie, par lui nous les possédions. Toutes les libertés dont notre France s'est faite, en Europe, la glorieuse initiatrice, par lui nous en jouissions. Toutes celles qu'il nous avait données, la France n'en jouit pas encore : et l'Europe attend que la France les lui montre. C'est ainsi, Messieurs, que, derniers enfants d'adoption de la grande famille française, nous avons apporté à la Mère-Patrie un patrimoine riche de libertés. S'il était pauvre de revenus, qu'importe? la pensée humaine ne se pèse pas au poids de l'or!

Devançant de trente-quatre ans la déclaration des Droits de l'homme, précurseur du mouvement de 1789, PAOLI, après avoir fait disparaître, par une politique sage, habile et modérée, les restes de la féodalité corse, fonda le suffrage populaire. Tous les pouvoirs publics avaient leur principe dans l'élection, depuis le Père de la Commune jusqu'au député de la *Consulta*, jusqu'au Général, Magistrat suprême de l'Ile. Celui-ci n'exerçait le pouvoir exécutif qu'avec le concours d'un Conseil d'État nommé par la *Consulta* qui le choisissait dans son sein. Près d'un siècle s'écoulait, et la France de 1848 imitait cet exemple. N'avons-nous pas le droit, Messieurs, d'être fiers de cet homme qui, cent ans avant la France de Mirabeau, de Benjamin Constant, de Royer-Collard, de Carrel et de tant d'autres, comprenait ainsi la véritable pondération des pouvoirs?

Autre intuition des aspirations qui devaient tourmenter les générations futures : il proclama la liberté de conscience dont le principe a été écrit dans toutes les constitutions qui, de nos jours, se sont succédé en France, mais dont la pratique n'est pas encore entièrement entrée dans nos mœurs. Les membres de tous les cultes jouissaient des droits et des priviléges accordés à chaque citoyen. Je veux vous citer un exemple. La petite ville de l'Ile-Rousse naissait à peine. Paoli voulait l'opposer à Calvi et, avec une activité fébrile, il aidait de tout son pouvoir au développement de la ville naissante. Bientôt elle eut une population suffisante pour avoir le droit d'envoyer un député à la *Consulta* de 1767. Un Juif, établi à l'Ile-Rousse, demanda à prendre part au vote. Les préjugés sont lents à déraciner dans un pays d'unité catholique, et la plupart des électeurs manifestèrent l'intention de s'y opposer. On eut recours au Général, et le Conseil d'État ayant délibéré, il fut décidé que le Juif aurait, comme tous les citoyens, joui de son droit d'électeur. Les *Ragguagli dell'Isola di Corsica*, journal du gouvernement de PAOLI, nous ont transmis ce fait intéressant.

L'égalité politique trouvait sa place dans nos institutions; l'égalité civile fut promise.

L'organisation judiciaire n'était pas moins digne des principes de droit et de justice sur lesquels reposait son gouvernement. Le Législateur des Corses fonda, sous le nom de *Rota*, une cour régulatrice chargée de maintenir l'unité dans la Jurisprudence, admirable institution qui devançait la création de la Cour Suprême de France. Et dans ce même Palais où l'on veut bien, aujourd'hui, nous donner une gracieuse hospitalité, un magistrat eminent (*) s'écriait, il y a quelques années à peine, qu'à elle seule, cette heureuse création aurait suffi à la gloire de Pascal PAOLI considéré comme législateur.

Mais ce n'est pas tout, Messieurs. Les réformes les plus radicales, celles qu'un groupe de penseurs, — s'isolant des circonstances actuelles et planant dans les hautes régions du haut desquelles l'humanité apparaît comme le but de

---

(*) M. le Premier Président Calmètes, aujourd'hui conseiller à la Cour de Cassation. — *Inauguration du nouveau Palais de Justice de Bastia.* — Imprimerie Fabiani 1858.

toute méditation, — les réformes que ces penseurs considèrent comme le dernier mot des sociétés futures, à l'honneur éternel de ce petit peuple, elles trouvèrent leur application en Corse. Ainsi, la magistrature y était élective et temporaire. Je ne veux ni blâmer ni approuver : ce n'est ni le lieu ni le moment, le lieu surtout. Qu'il me soit seulement permis d'ajouter que Paoli devançait les temps, que le vent du XIXᵉ siècle souffle sur ces questions et que l'utopie de la veille devient souvent la vérité du lendemain, quand l'apaisement se fait autour d'elle par la puissance du temps et de l'opinion.

— Ainsi encore il n'existait pas d'armée permanente. Et, chose véritablement digne de remarque! la création de milices citoyennes pour tenir lieu d'armée permanente, se produisait précisément au milieu d'événements dont l'éventualité est présentée comme une objection victorieuse par les adversaires du système. Les milices, disent-ils, suffisantes pour maintenir le bon ordre intérieur, ne sont qu'une cause de faiblesse dans un moment de danger : elles ne puisent pas, dans leur organisation, les forces nécessaires pour repousser l'invasion du territoire. Le temps se chargeait, en Corse, de mettre face à face le fait et l'objection. L'île était non-seulement envahie, mais occupée par un ennemi puissant et nombreux. Il fut repoussé et chassé : et les milices suffirent à la tâche.

Et c'est au milieu d'une lutte désespérée que Paoli créait toutes ces merveilles, tous ces renouvellements. L'heure était solennelle et de celles dont les gouvernements profitent. Le sort du pays pouvait dépendre de la moindre faute, du moindre événement. La concentration des pouvoirs en une seule main apparaît alors comme la condition essentielle du salut de tous. En de pareilles circonstances, les nations sont heureuses de confier leurs déstinées à un seul, de s'abandonner à une direction unique : et les chefs des nations se hâtent de transformer le pouvoir légal en dictature. Paoli, au contraire, né de la souveraineté du peuple, laissa le peuple se mouvoir largement dans sa souveraineté sans crainte de l'anarchie, — cet épouvantail sans cesse agité devant les peuples en tutelle. Il était ainsi réservé à la petite Corse, un rocher perdu dans la mer, de donner ce grand exemple d'un peuple jouissant de ses libertés et combattant pour son indépendance sans aliéner ses droits.

Messieurs, un rapprochement se fait dans mon esprit. Ma pensée court aux Etats-Unis. Là, le vieux monde a assisté à un semblable spectacle : les applaudissements retentissent et se prolongent encore. Et ce qu'à l'aide d'une forte démocratie, la vigoureuse race anglo-saxone a réalisé au XIXᵉ siècle, une fraction imperceptible de la race latine isolée au sein de la Méditerranée l'avait réalisé au XVIIIᵉ. Toujours cent ans d'avance! Qui ne se sentirait ému et fier à la fois? Pour moi, je ne puis me contenter de comparer deux situations semblables chez deux peuples si différents de race et d'origine. Sur mes lèvres, malgré moi, invinciblement, avec un sentiment de fierté que vous ne désavouerez pas, Messieurs, le nom de Georges Washington vient se joindre à celui de Pascal PAOLI. Tous deux aimèrent la liberté, tous deux respectèrent les droits de la nation. La différence, si elle existe, n'est pas dans le caractère, n'est pas dans le génie, mais dans les destinées. Le Washington de l'Amérique repose au milieu des siens : la terre qui le recouvre est la terre maternelle. L'autre, oh! l'autre, Messieurs, le Washington de la Corse, notre grand PASCAL, n'a point de tombe parmi nous. Il dort d'un sommeil troublé, sans doute, dans un pays étranger, et l'exil se perpétue pour lui, même au delà du tombeau!

Quelle époque! Et comme à la connaître on se sent battre le cœur. Quelle gloire! quels purs rayons le soleil splendide de la Liberté répandait sur les monts et les plaines de la Corse! Elle

animait nos pères de son souffle puissant. Avec
elle grandissaient les forces, avec elle vinrent
les succès. Les Génois, de toute part, fuyaient
vers les villes du littoral. On eût dit que le sol
les repoussait autant que les habitants, comme si,
désormais, des pas d'hommes libres seuls dussent
marquer leurs empreintes sur une terre libre.
La liberté « coulait à pleins bords » déversant et
répandant autour d'elle, dans l'île, les idées
saines et fortes d'ordre et de justice. Alors toute
l'Europe éclata en admiration. Catherine de
Russie, Frédéric de Prusse, applaudissaient à
tant de courage; Rousseau, notre législateur
posthume, faisait sa prédiction, inspirée seulement par le spectacle de tant de vertus civiques;
Alfieri, écrivant son *Timoléon*, songeait à dédier
à un héros moderne la vie d'un héros de l'antiquité : et les années du gouvernement de celui
que la France même devait saluer du nom de
« *héros et martyr de la liberté* » prenaient leur
date glorieuse dans les annales du genre humain.

II.

Si j'ai réussi, Messieurs, à vous indiquer, par
cet exposé rapide, l'œuvre du législateur, l'es-

prit véritablement démocratique de Pascal Paoli,
je puis ouvrir avec vous sa correspondance et y
chercher l'homme. Cette correspondance est
immense. Paoli avait l'habitude de répondre
dans les vingt-quatre heures à toutes les lettres
qu'il recevait, et en cela, il savait ménager l'a-
mour propre trop irritable du Corse qui veut
qu'on lui témoigne toujours de la considération.
Je ne puis donc songer à examiner, même suc-
cinctement, les différents sujets qu'elle embrasse.
Il faut limiter ma tâche et je dois me borner à
choisir, pour les lire devant vous, quelques-unes
des lettres de Paoli, celles particulièrement qui
contribueront à mettre en relief les côtés les plus
saillants de son caractère. Je voudrais, à l'aide
des pensées les plus remarquables qu'il ait semées
dans sa correspondance, vous montrer, d'une fa-
çon frappante, son adoration pour le pays, — le
mot n'est pas exagéré, — son amour de la liberté, son amour de la justice. C'est qu'en effet, ces
lettres sont une école d'abnégation et de dévouement à ces trois grandes et saintes choses.
A chaque ligne, la patrie est divinisée; l'amour
du pays s'élève à la hauteur d'une foi religieuse
et, par cela même, domine tous les sentiments:
la justice y reçoit un culte constant : et sa pas-
sion de la liberté éclate, à chaque pensée, dans
ce qu'elle a de plus pur et de plus élevé; elle

2

fait, du reste, l'unité de cette vaste correspondance, de ces lettres si nombreuses qui, se succédant au hasard des événements, à travers mille sujets divers, sollicitent notre pieuse attention. Tous les nobles sentiments, tous ceux qui touchent à l'héroïsme ou le provoquent y sont tour à tour évoqués. Étudier ces lettres est chose saine et fortifiante, qui repose et qui console. C'est le banquet du triple amour du pays, de la justice et de la liberté. Je vous y convie.

J'ouvre le recueil des lettres de PAOLI par N. Tommaséo (1), et mes yeux s'arrêtent avec complaisance sur la première lettre, celle qui suit immédiatement le Manifeste daté de *Sant'Antonio di Casabianca*, annonçant l'élévation de PAOLI à la suprême Magistrature. Ce n'est qu'un fragment de lettre et de date incertaine : mais Tommaséo a cru pouvoir, quoiqu'il ait suivi l'ordre chronologique, la placer en tête de son recueil. C'est qu'en effet, cette lettre est un programme.

« .... Succhiai col latte l'amor della patria : nacqui allorchè apertamente i suoi tiranni ne meditarono l'eccidio. All'esempio del mio buon padre, i primi raggi

---

(1) *Archivio storico italiano, ossia Raccolta di Opere e documenti finora inediti o divenuti rarissimi risguardanti la Storia d'Italia.* T. X. — Firenze, presso Gio. Pietro Vieusseux, 1846.

della ragione me ne fecero desiderare la libertà : le più
disastrose vicende, gli esilj, i pericoli, la lontananza e
gli agi non hanno mai potuto farmi perdere di vista un
sì caro oggetto, verso del quale ha sempre mirato ogni
mia operazione. »

Permettez-moi une supposition, Messieurs;—
l'heure est propice, car le Panthéon de la Corse,
voyant, sans cesse, s'accroître le nombre de ses
élus, et le marbre et le bronze étant prodigués
pour perpétuer toutes nos gloires, je ne serai
pas mal venu à supposer, pour un instant, qu'un
peu de ce marbre et de ce bronze soit dépensé à
l'honneur de notre grand citoyen. — Supposez
donc que la Corse rende un éclatant hommage
à Paoli et lui élève un monument digne de lui.
Sur le fronton de ce monument, quelles paroles
graverons-nous pour justifier notre admiration ?
Sans doute celles que je viens de vous lire : et
les générations y trouveraient la consécration de
sa gloire.

Il écrivait d'Olmeta, en 1759 à Matteo Lim-
perani.

« Olmeta, 1759.

« .... Dio voglia che l'affare dei Martincini possa
quetarsi con decoro del governo. Lo scandalo di spal-
leggiar tutta una razza di banditi può risvegliare l'idea
degli antichi abusi della nazione, se resta impunito. Io
contro questa sorte di delitti sono anche più inesorabile

che contro gli omicidj, perchè s'oppongono direttamente al governo ed alle leggi.... Sento vociferarsi che altercandosi nanti cotesto tribunale li signori Taddei e Pietri, gli abbiano perduto il rispetto, e con molto accompagnamento scandalosamente si siano introdotti nella presidenza....

» .... Per evitare in appresso simili inconvenienti, dia ordini precisi alla guardia di non lasciar entrare alcuno colle armi e particolarmente nella camera dell'udienza : *il rispetto del tribunale che occupiamo dovendoci essere più a cuore della nostra istessa vita*. Nè per queste cagioni dobbiamo sospettare di cosa alcuna, o per aver riguardi a chi che sia : poichè, sostenendo le ragioni della patria, s'hanno per compagni ed in ajuto i patriotti. »

Vous avez remarqué sans doute, Messieurs, dans cette lettre, un vif sentiment de la justice, et c'est par ce côté qu'elle est remarquable. Mais ce qui nous la rend précieuse, c'est la nécessité que PAOLI proclame de punir sévèrement les protecteurs des bandits. Ce n'est qu'après de longs tâtonnements, après de longues études sur les moyens de parvenir à la pacification de l'île, que, de nos jours, on s'est montré justement sévère envers les recéleurs. Dans cette question, comme dans beaucoup d'autres, sa pénétration ne l'avait pas trompé. Il avait mis le doigt sur la plaie saignante : c'est que la plaie saignait en lui; les douleurs du pays étaient les siennes.

C'est ainsi qu'il souffrait cruellement des maux qu'une guerre déloyale faisait supporter à la marine marchande corse. Gênes, dans ses luttes contre nous, ne fut jamais scrupuleuse sur les moyens à adopter pour nous soumettre. Dès les premières années de son gouvernement, PAOLI, comprenant toute l'importance de l'extension du commerce maritime de l'île, mit tous ses soins à le développer. Aussitôt, les Génois, témoins et jaloux de cette prospérité naissante, armèrent de nombreux corsaires. Ceux-ci croisaient constamment devant nos côtes, courant sus à nos batiments marchands. Et pour mieux assurer la ruine de notre commerce, au mépris du droit des gens, non-seulement ils capturaient les navires sous pavillon national, mais encore ceux des nations neutres qui faisaient avec nos ports des échanges de toute sorte. PAOLI s'indigna. Il résolut d'opposer corsaires à corsaires : mais en prenant le parti de délivrer des lettres de marque, il voulut indiquer à l'Europe les raisons qui le poussaient à cette détermination et il lança le manifeste suivant :

MANIFESTO DEL GENERALE E SUPREMO CONSIGLIO
DI STATO DEL REGNO DI CORSICA.

« Casinca, 20 maggio 1760.

« .... Da trent'anni che noi sosteniamo la presente

guerra per isnidare affatto dalla nostra Isola la Repubblica di Genova, mai in alcun modo avevamo attentato frastornare il commercio di mare ai sudditi di quella Signoria, compassionando di quelli piuttosto l'infelice situazione, che li obbligava a vivere sotto un governo che per l'istessa sua costituzione non può se non essere tiranno....

» Ma vedendo ora con quanta ostinazione ed efficacia la predetta Repubblica s'affatichi per interdire e precludere ogni strada al commercio marittimo del nostro Regno, prendendo non solamente co' suoi bastimenti armati in corso quelli che loro riesce incontrare di nostra bandiera, ma pur anche, con felice ardimento finora, abbruciando ed insultando quelli delle altre nazioni più rispettabili dell'Europa, che per ragioni di traffico si portino ad approdare, o partano da porti e scali a noi soggetti della nostra Isola....

» .... Prevalendoci del dritto che ci compete, e perchè è inseparabile di quella libertà che il Cielo ha concessa al nostro valore, abbiamo deliberato conceder la facoltà a qualunque de'nostri nazionali che volesse armar bastimenti di corso contro de' Genovesi nostri nemici e lor bandiera, d'inalberare il nostro padiglione, dopo aver preso però da noi il passaporto, e le istruzioni opportune....

» Costretti pertanto da così pressanti motivi e sode ragioni a far la guerra anche per mare alla Repubblica nostra nemica, ci protestiamo nondimeno voler usare il maggior rispetto ed i riguardi possibili a tutti i principi dell'Europa, e di voler praticare ed osservare le leggi e consuetudini introdotte ed ammesse nelle guerre marittime anche verso i Genovesi, quando i medesimi colle solite loro irregolari ed inumane procedure non ci costringano ad appartarcene. »

Ce document n'est-il pas remarquable? Quelle modération et quel respect du droit des gens ! Gênes, pourtant, nous appelait des sauvages. Nous retrouvons ici les sentiments que PAOLI avait puisés dans les enseignements de la glorieuse école philosophique napolitaine.

Il règne généralement, dans ces lettres, cette simplicité calme et digne qui est le propre des âmes fortes et sincères. Parfois, pourtant, surgit une pensée éclatante, de celles dont on dit qu'elles sonnent la charge. Et à l'éclat de la pensée se joint la splendeur de la forme.

Écoutez-le écrivant à Ristori, l'un des conquérants de Capraja, — une âme forte et austère aussi, bien digne de recevoir la confidence de pareilles pensées et de les comprendre; physionomie de rude guerrier dont la vie ne fut qu'un tissu de beaux faits d'armes et de nobles actions.

Nous sommes au 4 octobre 1768.

Les événements se pressent; la France envoie bataillons sur bataillons; la guerre est devenue la lutte du pot de terre contre le pot de fer. PAOLI ne pouvait croire que l'Europe laisserait consommer le meurtre d'une nation libre. La Pologne n'était pas morte encore, il pouvait garder cette illusion. Il s'adressa aux princes, aux souverains; et on lui fit un crime de leur demander leur intervention.

« *Al signor Ristori in Bastia.*

» .... Si dice ch'io sollecito gli altri principi ad interessarsi negli affari del Regno. Non me ne faranno un delitto. Se fossi padrone del tuono (1), del tuono mi servirei per difendere la libertà della patria.... »

C'est le rugissement du lion blessé, du lion acculé qui sent ses forces le trahir, mais non son courage l'abandonner; qui sait qu'il va mourir, mais qui se tourne vers l'ennemi, le front plissé par une puissante colère, et lui fait face.

Quelles pensées devaient assaillir son esprit en écrivant et après avoir écrit cette lettre à Ristori ! La situation devenait chaque jour plus périlleuse. Déjà il pouvait prévoir le résultat. Le découragement, — les plus forts n'en sont pas exempts aux heures où l'horizon s'assombrit, — le découragement vint-il troubler son âme et faire fléchir son courage un seul instant? Non, Messieurs, et il nous est permis de l'affirmer. Nous possédons une lettre écrite dans cette même journée du 4 octobre et nous pouvons y chercher sa pensée. Elle est adressée à Angelo Franceschi, de Centuri.

---

(1) Tommaséo écrit : « *Se fossi padrone del tuono, me ne servirei*, etc. » Je rétablis le texte véritable d'après l'original.

Franceschi commandait une des deux demi-galères que Paoli avait fait construire. Il croisait devant Capraja, lorsque cette île fut livrée à la France. Deux navires de guerre français lui donnèrent la chasse, mais inutilement. Ayant été sommé d'amener le pavillon corse et de hisser le drapeau blanc de France, il répondit fièrement qu'il se ferait sauter avec son équipage plutôt que de consentir à une pareille honte.

Paoli lui écrivait alors :

« Casinca, 4 ottobre 1768.

» Il vostro zelo ed onoratezza ha riscossi gli applausi di tutta la nazione, dalla quale sarete contraddistinto : ed io vi farò conoscere quanto vi sono particolarmente tenuto. *Se tornano a fare proposizioni indegne al nostro coraggio, fate dire per unica risposta : Viva la libertà !* »

Toujours la Liberté ! Le refuge contre toute faiblesse, le bouclier contre toute défaillance, le viatique fortifiant, c'était la Liberté !

A Rivarola, il écrit :

« Casinca, 21 marzo 1769.

» Senza il soccorso di altre potenze resisteremo per qualche anno, ma poi dovremo soccombere sotto l'enorme superiorità delle forze nemiche. L'esempio dei Mainotti che hanno potuto resistere alla potenza Ottomana, e quello dei Montenegrini, fanno qualche impressione, e si procura farli valere. Si fa e si farà quel che si può, si aspetteranno anche i miracoli soliti della Providenza. Se la disgrazia porterà che abbiamo a perdere la libertà, procureremo almeno di conservare l'onore. »

Il tint parole. Cinquante deux jours plus tard, tandis que la liberté corse mourait à Pontenovo, il pouvait s'écrier avec autant de vérité que François Ier écrivant à Louise de Savoie : *Tout est perdu fors l'honneur.*

Mais nous touchons au denouement de la grande lutte. Les bataillons du comte de Vaux sont maîtres des hauteurs de *Lento*. On se bat depuis deux jours. C'est le prélude du grand combat qui décidera des destinées du pays. En-fin, l'action générale est engagée : l'issue fatale est inévitable.

Ne vous attendez pas, Messieurs, à une longue lettre, à un récit détaillé, à l'expression d'une douleur immense, aux regrets, au désespoir. C'est un court billet que je vais vous lire ; quelques mots à peine, d'un laconisme héroïque, dignes du Spartiate qui se sentait ronger la poitrine et qui se taisait pour ne point montrer de faiblesse.

A *Rivarola,*

« Rostino, maggio.

(L'indication du mois souligne les mots. Pas

de date : c'est désormais une journée néfaste et sa plume se refuse à l'écrire.)

» Dal Padre Maestro saprete le cose. Non so se potranno mantenersi. Vi saluto. »

Non, je ne sais rien de plus poignant, rien qui fasse vibrer davantage tout ce que le cœur renferme de nobles sentiments. Un souffle puissant passe sur vous, vous courbe et vous prosterne devant tant de grandeur d'âme.

Et le billet parvenait à peine à Rivarola, que la Corse tombait ensanglantée et mourante à Pontenovo. Le Golo roula vers les flots bleus de la mer de Toscane des flots rouges de sang humain. Les rochers du torrent et le sable de la mer gardèrent quelques heures la trace du sang répandu : puis la vague lava le rivage. Et un peuple libre avait cessé de vivre !

III.

Messieurs, j'ai suivi, dans l'examen de ces lettres, l'ordre chronologique qui me paraissait de nature à faciliter ma tâche. Je vais pourtant abandonner, pour un instant, cette loi que je me suis faite, et je vous demande, avant de

poursuivre et de chercher dans la seconde partie de cette correspondance les pensées de notre
grand homme, la permission de faire quelques
observations qui se rattachent à l'étude que je
m'efforce de faire devant vous.

On a dit : « Le style c'est l'homme. » Cela
est vrai, surtout du style épistolaire. Les lettres
nous permettent de prendre la nature sur le fait,
de saisir la pensée sans voile, de chercher l'homme privé sous l'homme public, de trouver, en
un mot, le cœur sous le vêtement. C'est ce qu'on
a spirituellement appelé : *surprendre un grand
homme en robe de chambre.* L'expression est
juste, autant que spirituelle, surtout lorsque la
lettre n'est point le résultat d'un travail, mais la
reproduction immédiate de la pensée, écrite
aussitôt que conçue. Et il en était ainsi des
lettres de Paoli.

Boswel nous a conservé cette précieuse particularité. Paoli disait, écrit-il, que la vivacité
de son esprit était telle qu'il était incapable
d'une occupation suivie de dix minutes. Il me
semble, ajoutait le Général, qu'en les écrivant,
mes pensées m'échappent. J'appelle alors le
Père Guelfucci : *Presto pigliate li pensieri*; et
le Père Guelfucci écrit.

Je crois aussi que, pour bien apprécier un
caractère, pour le saisir tout entier dans ses

aspects multiples, dans son état complexe, car, selon la belle pensée de Montaigne, « l'homme est ondoyant et divers, » pour arriver à ce résultat, dis-je, une autre étude est nécessaire : celle, non plus seulement des lettres du personnage historique qui, par sa correspondance, pose en quelque sorte devant vous, mais encore des lettres qu'il reçoit et par conséquent des pensées qu'il inspire. Comme le soleil dont les rayons éclairent, réchauffent et fécondent toute chose, l'homme qui a reçu de la nature le don incomparable du génie, étend son influence vivifiante sur tous ceux qui agissent autour de lui, qui se meuvent dans l'espace occupé par son ombre. Plus grand sera le génie, plus grande sera l'attraction. C'est, je le crois du moins, une bonne méthode de critique historique à suivre. Permettez-moi d'essayer une application. Je vais mettre sous vos yeux un billet que j'ose qualifier de sublime, une pensée écrite avec du sang par une main rude et calleuse habituée à manier le mousquet.

Un soldat de l'indépendance tombe, frappé par une balle ennemie : il s'écarte du lieu du combat et va s'adosser à un vieux châtaignier pour mourir. — Les châtaigniers de nos montagnes et leur ombrage, Messieurs, c'étaient les tentes et les ambulances de nos pères. — Appuyé contre le tronc de l'arbre, assis sur les fortes et rugueuses racines qui avaient crevé le sol et formaient des siéges rustiques, il résiste à la mort quelques minutes encore et trouve la force d'écrire ces paroles :

« *Generale, vi saluto. Vi raccomando il mio vecchio padre. Fra due ore sarò colle anime di quelli che morirono per la patria.*

» *Generale, vi saluto ! Morituri te salutant !* Mais ce n'est pas ici le salut du gladiateur, s'inclinant devant César : c'est le salut d'un homme libre à l'homme qui veille sur les libertés du pays.

Rappelez à votre esprit tous les faits sublimes répandus dans l'histoire, fouillez les annales des nations et dites, Messieurs, s'il est rien de comparable à la pensée de ce rude et obscur soldat qui va mourir et qui écrit à son général. Quel peuple que celui qui présente de pareils traits d'héroïsme ! mais aussi quel homme que celui qui sait les inspirer !

J'ai parlé tantôt de Boswel; il va me fournir un nouvel exemple.

James Boswel était un gentilhomme écossais que l'amour des spéculations philosophiques avait jeté dans une profonde mélancolie. Il entreprit de voyager pour échapper à ses propres pensées. C'était une âme ardente et pas-

sionnée, aimant les nobles causes et s'enthou-
siasmant pour elles. Attiré par la renommée de
Paoli, conseillé du reste, en cela, par Rousseau
qu'il avait visité dans sa retraite de Val de Travers, de Livourne il passa en Corse. Paoli était
alors à *Sollacarò*, dans la province d'Istria. Boswel se rendit auprès du Général qui le reçut avec
distinction et lui offrit simplement l'hospitalité
dans la vieille tour féodale des Colonna d'Istria.
Des les premiers jours il subit l'influence que
Paoli exerçait sur tous ceux qui l'approchaient.
Admis dans son intimité, l'admiration le pénétra
comme la lumière éblouissante pénètre les corps
diaphanes. Il résulta du séjour du voyageur
écossais à Sollacarò, un livre des mieux faits
sur notre pays, contenant de précieux détails
sur le caractère, les habitudes et les pensées du
chef de la nation corse, de ces détails qui sont
les miettes de l'histoire et que nous nous em-
pressons tous de ramasser avec avidité, lorsqu'ils
s'appliquent à la vie intime des grands hommes.

Boswel partit guéri. Arrivé à Lyon, il écrivit
le 4 janvier 1766, à Rousseau cette lettre remarquable :

« Illustre philosophe, enfin je vois le jour.... J'ai été
cinq semaines dans l'île ; j'ai beaucoup vu les habitants.
Je me suis informé de tout avec une attention dont vous
ne me croyez pas capable. J'ai connu intimement le gé-

néral Paoli. J'ai des trésors à vous communiquer..... Je vous ai les plus grandes obligations pour m'avoir envoyé en Corse. Ce voyage m'a fait un bien merveilleux. *Il m'a rendu comme si toutes les vies de Plutarque se fussent fondues dans mon esprit. Paoli a donné une trempe nouvelle à mon âme, qu'elle ne perdra jamais.* Je ne suis plus ce tendre inquiet qui se plaignait dans le Val de Travers. Je suis heureux ; je pense pour moi. Vous me recréez. »

Ne faut-il pas encore, ici, remarquer que nous pouvons connaître un homme autant par les sentiments qu'il inspire que par ceux qu'il exprime ?

Enfin, Messieurs, il me reste, dans cet ordre d'idées, à vous citer une dernière lettre. Elle est d'un grand poëte, et vous aimerez, sans doute, ce précieux hommage d'un prince de la Poésie à un Conducteur de Peuples. Alfieri, — vous avez compris que c'est du grand Tragique italien que je veux parler, — écrivait à Paoli.

« *Al Sig. Pasquale de' Paoli, propugnator magnanimo de' Corsi.*

» Parigi.

» Lo scrivere tragedie di libertà nella lingua di un popolo non libero, forse con ragione parrà una mera stoltezza a chi altro non vede che le presenti cose. Ma chiunque dalla perpetua vicenda delle passate argomenta le future, così per avventura giudicar non dovrà. Io perciò dedico questa mia tragedia a Voi come a uno di quei pochissimi che avendo idea ben dritta d'altri tempi, d'altri popoli e di alto pensare, sareste quindi stato degno di nascere ed operare in un secolo men molle alquanto del nostro. Ma siccome per Voi non è certamente restato che la vostra Pàtria non si ponesse in libertà, non giudicando io (come il volgo suol fare) gli uomini dalla fortuna, ma bensì dalle opere loro, vi reputo pienamente degno di udire i sensi di *Timoleone* come quegli che intenderli appieno potete, e sentirli. »

N'attendez pas de moi que je fasse le moindre commentaire. Je vous gâterais la fête; car quel délicat plaisir de l'esprit que la lecture de cette lettre? Quelle consolante pensée que celle que fait naître le spectacle de ces deux grandes intelligences trouvant leur trait d'union dans la glorification d'un des plus grands hommes de l'antiquité !

IV.

Nous allons reprendre, si vous voulez bien me le permettre, l'étude des lettres de PAOLI dans l'ordre adopté par Tommaséo. Les circonstances sont changées : nous n'avons plus devant nous le chef d'une nation, c'est un exilé que nous allons suivre. Mais malheureusement les lettres de cette époque, importante pour l'histoire des pensées de PAOLI, ne se sont pas retrouvées; elles sont du moins en très-petit nombre. Je passerai ensuite rapidement sur le séjour de PAOLI en Corse comme Général commandant le nouveau département français : un ou deux documents, mais de ceux qui dépeignent un homme, nous suffiront à le connaître. Je terminerai enfin par les lettres écrites pendant son second exil, les plus remarquables, à mon avis, et celles qui, le mieux, nous montrent le grand citoyen.

Après le désastre du 12 mai 1769, PAOLI s'était rendu en Toscane, puis à Vienne et ensuite à Londres où il arriva au mois de septembre. Le vaincu de Pontenovo fut reçu en triomphateur par les populations des Etats qu'il traversait, et les souverains l'accueillirent en héros.

Nous possédons à peine deux lettres de la fin de 1769, une seule de 1770; une écrite à Rivarola, l'ami fidèle de PAOLI, les deux autres à Clément, celui que l'on a surnommé le Bayard de la Corse, dont l'épée était si redoutable, le cœur si bon et le caractère si loyal, qu'il eût davantage attiré notre admiration si son frère ne nous éblouissait de sa gloire.

De 1770 à 1787, cette correspondance présente une immense et regrettable lacune. Peut-être PAOLI a-t-il peu écrit pendant cette période de dix-sept années. Les âmes fortes, aux prises avec l'adversité, dédaignent de se plaindre, et l'on a souvent remarqué que le silence était la dignité des vaincus.

Pourtant cette lacune sera remplie en partie, un jour peut-être; je l'espère du moins. Permettez-moi de vous dire comment je l'espère et pardonnez-moi surtout de vous le dire.

Il y a quelques mois je parcourai, le bâton du voyageur à la main, en curieux, l'intérieur de notre île et particulièrement l'héroïque *Terre des Communes*, le foyer le plus ardent des idées de liberté qui se répandirent dans notre pays. A chaque pas, je trouvais un glorieux souvenir de PAOLI. Il avait demeuré là, dans ce couvent, et à l'ombre du cloître, au milieu des fils contemplatifs de Saint-François, il s'était reposé des fatigues et des soucis du gouvernement. Ce toit ardoisé qui brille au fond du ravin, c'était la poudrière qu'il avait créée. Dans ce chemin creux, il avait combattu; dans cette maison, il avait réconcilié deux familles ennemies et des membres de ces familles avait fait des soldats de l'indépendance. Partout, sa trace ineffaçable. Mon esprit et mon cœur étaient pleins de lui. Après une journée de courses fatiguantes, j'arrivais un soir, à l'*Ave Maria*, en un pauvre village caché au milieu des châtaigniers, mais que la fumée bleue des séchoirs, s'échappant des toitures pour monter droite et calme dans un ciel sans nuages, trahissait, à travers les feuilles des arbres jaunies par l'automne. Dans la maison où me fut offerte une large et cordiale hospitalité, je trouvai sur une table un buste de PAOLI, — le buste si populaire de Varese, — suspendu au mur, son portrait, la copie si répandue du portrait de Florence, — mais mieux que cela, entre les mains de mon hôte un manuscrit, la précieuse relique que voici. Ce fut une joie indicible..... mais je ne veux pas vous fatiguer d'impressions et de souvenirs personnels.

C'est un manuscrit écrit tout entier de la main de PAOLI, entendez bien. Tenez, Messieurs, son front s'est penché sur ces pages ! et sa main a couru sur ce papier qui garde encore la trace de sa pensée !

Les six lignes du premier feuillet vous diront l'heureuse découverte.

« Libro in cui saranno notate le particolarità più interessanti delle lettere che ricevo e delle risposte alle medesime con le rispettive date ed il giorno in cui si ricevono e si spediscono, e per qual canale. » (1)

_____

(1) La bibliothèque de Bastia possède une copie de ce précieux manuscrit.

Cette correspondance embrasse quatre années:
août 1778, septembre 1783. Ce cœur magna-
nime laisse voir ici les trésors de désintéresse-
ment qu'il renferme. Plus de préoccupations
politiques : de temps en temps seulement l'an-
cien Général des Corses se révèle. Mais à chaque
page, sont les preuves de sa générosité sans
bornes. Que de secours accordés à ceux qui
ayant suivi sa fortune, s'exilèrent pour échapper
aux représailles qui malheureusement suivent
toujours la victoire ! La Toscane, le doux pays
hospitalier, était devenue l'asile des Corses fu-
gitifs. Plus de trois cents étaient partis avec
PAOLI ; d'autres vinrent rejoindre les premiers
exilés : la plupart sans ressources, pauvres ou
ruinés par la longue guerre. PAOLI pourvut à
leur subsistance, à l'éducation des enfants de
ces hommes désormais sans patrie. Il avait sa
liste de subsides et son dispensateur de secours,
Antoine-François Saliceti d'Oletta. Et l'on com-
prend, après avoir parcouru ce manuscrit qu'il
ait pu écrire, tant il gardait peu pour lui, à
l'abbé Andrei, au moment de quitter Londres,
qu'il ne savait s'il aurait pu payer le loyer de
l'année, en vendant ses meubles.

« Non ricevendo l'arretrato, potete immaginarvi che
non sono largo : e nella vendita dei mobili, Dio sa se
ritirerò per pagare l'affitto di un anno della casa. »

Ce livre contient aussi d'autres particularités d'un puissant intérêt et, du reste, tout d'un pareil homme commande l'attention. Le cadre de cette conférence m'empêche de mettre sous vos yeux quelques-unes des pensées qui y sont exprimées. Votre admiration s'en augmenterait, j'en suis convaincu.

La lacune que j'ai signalée nous conduit, d'un bond, à la révolution de 1789. PAOLI en accueillit la nouvelle avec un sentiment de joie qu'on ne peut contester. Toute sa vie il avait combattu pour la liberté de son pays, il devait saluer avec bonheur l'aube de la liberté universelle. Et comme il reportait tout à la patrie, il espéra qu'elle aurait eu sa part des bienfaits que le nouvel ordre de choses allait répandre. Il écrivait à l'abbé Andrei, député de la Corse à la Constituante, pour l'ordre du clergé.

» Londra 1789.

« La Francia si merita la sua libertà, ed ognuno brama che l'ottenga e se la confermi con ottime leggi. La Corsica la godeva! era ad essa costata tanto sangue! Se i Francesi gliela negassero ora, sarebbe un peccato contro lo Spirito Santo. C'è del loro interesse, c'è della politica; ma sopratutto c'è la giustizia : e loro conviene mostrare che questa è ora il solo loro idolo politico. »

Au-dessus de l'intérêt, au-dessus de la politi-

que, il place la justice. Par la dernière pensée
de cette lettre il la divinise.

Plaçant la liberté de ses compatriotes avant
toute chose, et comprenant aussi que la France
peut la leur assurer maintenant qu'elle a reven-
diqué ses droits, il fait abnégation de lui-même :
il est prêt à se sacrifier, si le sacrifice est nécessaire.

« *Il Paoli all'Andrei.*

Londra, 6 ottobre 1789.

« .... Ne hanno avuto abbastanza guerra li Corsi ; ed una
volta che avessero pace e libertà, sarebbero ben lontani
da mettersi al rischio di perderla per ambizione di qualche individuo. Se fra questi sospetti individui ci son
io, me n'anderei volentieri tanto lontano che mai più
sentirebbero il mio nome. »

Dans la même lettre, mais en un paragraphe
daté du 8 octobre, il revient sur cette pensée.

« .... Ogni inquietudine deve cessare : e se il mio
soggiorno in Londra desse mai qualche ombra, io mi
apparterò in un luogo da cui non s'udirà più parlare di
me. »

Et plus bas, toujours dans la même lettre :

« Quel poco che posso risparmiare, lo stimo ora bene
speso se procura vantaggio a quelli che sparsero il loro
sangue, o quello dei loro parenti, per la libertà della

comune patria. Consultate insieme bene le cose, ed agite
con vigore. Avete una buona causa per le mani : sarete
assistiti da tutte le anime nobili e disinteressate ; e
quando tutto, per fatale disgrazia, andasse male, sarà
una grande consolazione la coscienza netta, ed il senti-
mento di aver fatto quel che si dovea fare. »

Faire son devoir, c'était sa règle de conduite,
et il trouvait dans les jouissances de la conscience
satisfaite la récompense de son dévouement.

Je vous ai dit, Messieurs, que pour bien connaître les pensées de Paoli, à cette époque, il
suffisait de deux documents. Je vais avoir l'honneur de les mettre sous vos yeux, quoique le
second n'émane pas de lui ; mais je crois qu'il
complète le premier et qu'il y a quelque utilité
à ne pas les séparer.

Rappelé par ses compatriotes, Paoli revenait
en Corse où il devait être reçu avec des trans-
ports de reconnaissance et une explosion de
joie impossible à décrire. Arrivé à Paris, il fut
salué du nom de *Patriarche de la Liberté en Europe*. Les fêtes et les applaudissements lui furent prodigués. Son portrait se vendait par mil-
liers d'exemplaires, et la foule stationnait sans
cesse devant sa demeure. Toutes les fois que
Paoli paraissait en public, Lafayette paraissait à
côté de lui. Lafayette retrouvait Washington.

Le 22 avril, il se présenta à l'Assemblée na-

tionale qui l'accueillit par des salves d'applaudissements plusieurs fois répétés. Quand le silence
se fit dans la grande Assemblée, PAOLI prit la
parole :

« Messieurs, ce jour est le plus heureux, le plus beau
de ma vie : je l'ai passée à rechercher la Liberté et j'en
vois ici le plus noble spectacle. J'avais quitté ma patrie
asservie, je la retrouverai libre : je n'ai plus rien à sou-
haiter. Je ne sais, depuis une absence de vingt ans,
quels changements l'oppression aura faits sur mes compatriotes ; mais vous venez d'ôter aux Corses leurs fers :
vous leur avez rendu leurs vertus premières. En retour-
nant dans ma patrie, mes sentiments ne peuvent vous
être douteux. Vous avez été généreux pour moi, et jamais je n'ai été esclave : ma conduite passée que vous
avez honorée de votre suffrage, vous répond de ma conduite future. J'ose dire que ma vie entière a été un serment à la Liberté : c'est déjà l'avoir fait à la Constitution
que vous établissez. Mais il me reste à le faire à la nation qui m'a adopté et au souverain que je reconnais ;
c'est la faveur que je demande à l'auguste Assemblée
nationale. » (1)

D'unanimes applaudissements éclatèrent sur
tous les bancs et dans les tribunes et saluèrent
les nobles paroles de PAOLI. L'Assemblée nationale, par l'organe du baron de Menou, alors pré-

---

(1) *La Corse aux États généraux*, par Charles Guérin. —
Ajaccio, 1865.

sident, répondit. (C'est le document dont j'ai dit qu'il complétait le discours du Général.)

« Un peuple qui a si longtemps combattu pour la liberté, devait faire partie d'un peuple devenu libre. L'hommage que vous venez d'offrir à l'Assemblée nationale, est digne de vous et d'elle. Elle fixe avec plaisir ses regards sur les députés d'un peuple qui a si longtemps lutté contre la servitude; elle voit de même, avec une vive satisfaction, son chef qui a été tout à la fois le *héros et le martyr de la liberté,* payer la France de votre amour et de votre fidélité.

» Les Romains allaient chercher des fils chez les nations étrangères; la France en trouve chez ses voisins. L'Assemblée nationale a reçu vos serments et vous permet d'assister à la séance. »

Lorsque le baron de Menou prononça ces mots : *le héros et le martyr de la liberté,* de nouvelles acclamations couvrirent sa voix. Noble pensée, qui répondait d'avance à ceux qui devaient se plaire à considérer PAOLI comme un ambitieux vulgaire.

V.

Je ne puis le suivre dans tous ses actes : les limites de cette étude m'interdisent de le faire. Ce que nous cherchons, ce sont ses sentiments.

Pourtant il est des événements dans sa vie qui, même dans une étude forcément restreinte, ne peuvent être passés sous silence. Je ne le voudrai point d'ailleurs, n'éprouvant aucune hésitation à exprimer une opinion sincère. Au reste, j'aime à toucher aussitôt à cette question délicate, tandis que ces paroles « *héros et martyr de la liberté* » sont encore présentes à votre esprit : elles sont la meilleure justification de PAOLI.

Le 10 juin 1794, la *Consulta* de Corte déclarait que tout lien politique était brisé entre la Corse et la France, et plaçait notre pays sous la protection de l'Angleterre.

Mille neuf députés, accourus de toutes les *Pievi* de l'île, prirent part à cette délibération. Sur un appel fait par un député, une souscription fut ouverte, au sein de l'assemblée, pour subvenir aux premières dépenses : elle produisit 30,400 francs, sans compter les dons qui furent faits et qui consistèrent en bijoux, montres, bagues, boucles d'or ; sans compter les troupeaux dont on faisait l'abandon pour la cause nationale. C'est un acte de patriotisme qui témoigne de la sincérité des membres de la *Consulta*.

Plusieurs de nos compatriotes, par un sentiment de patriotisme que je respecte, mais que je me permettrai de qualifier de patriotisme mal entendu, ont jeté le blâme sur PAOLI : ils ont même osé prononcer le mot de trahison. Dans ma pensée, ceux-là sont dans l'erreur qui condamnent leur grand concitoyen. Vous le comprenez, Messieurs, il ne s'agit ici que d'une question historique et purement historique. Eh bien! par cela même, nous pouvons faire abstraction complète du présent. Nous sommes, je rougirais qu'il fût nécessaire de le dire, aussi bons Français que les Bretons et les Alsaciens. Comme eux, nous conservons nos mœurs, notre langue, nos usages et comme eux, nous payons largement notre dette de sang au pays. Nous pouvons donc examiner la question avec calme et sans redouter les appréciations malveillantes.

Reportons-nous un instant à l'époque où se jouait, en Corse, une des scènes du grand drame révolutionnaire. Pour un instant seulement, tâchons de vivre par la pensée, au sein de cette génération de Corses qui sentait revivre en elle ces puissantes aspirations vers la liberté qui l'avaient soutenue pendant la guerre contre Gênes. Durant quarante ans, on avait combattu pour la conquérir. PAOLI avait voué sa vie entière à cette même cause. Et lorsque la liberté de la France semblait près de périr noyée dans la boue sanglante de la Terreur, ne lui était-il pas permis de craindre que la liberté de la Corse ne pérît avec celle de la métropole? Ne devait-il pas pré-

server son pays de cet horrible et immonde
étouffement de la boue montante? Non, vous ne
le pensez pas.

Mais son serment? me dira-t-on. Je répondrai :
A qui avait-il juré sa foi? Était-ce à la Royauté
constitutionnelle d'abord, à la France républi-
caine ensuite, ou à la France de la Terreur,
c'est-à-dire à cette poignée de dictateurs dont un
grand esprit, un exilé, Edgard Quinet, un grand
révolutionnaire pourtant, vient de flétrir les ex-
cès, au nom de la véritable liberté, dans un livre
qui a été un événement? C'était la France libre,
mère et non marâtre de la liberté, qui avait reçu
le serment de PAOLI, et cette France râlait en ce
moment.

PAOLI jeta les yeux autour de lui : l'Europe
était courbée sous l'absolutisme; la France était
prise d'un vertige sanguinaire. Une seule nation
lui présentait le spectacle d'un peuple libre et
cette nation c'était l'Angleterre qui lui avait
donné l'hospitalité. Pendant vingt et un ans, il
avait vécu dans ce pays, au sein d'institutions
qui, aujourd'hui encore, servent d'exemple et
de modèle : il avait pris à Londres ce qu'un
écrivain politique moderne a appelé, par une expression hardie mais juste *un bain d'air libre;*
la connaissance approfondie des institutions an-
glaises détermina son choix. Son âme était é-

trangère aux petits calculs de l'amour-propre et de l'ambition trompés. Il faut chercher le mobile de sa résolution dans un ardent amour pour le pays. La Constitution que dut jurer le Roi Georges, le prouve surabondamment. Bien des nations seraient heureuses de posséder les libertés qu'elle nous garantissait.

Ma franchise ne peut vous déplaire, j'en suis convaincu.

Selon un vers de Molière :

« Vous êtes pour les gens qui disent leur pensée. »

Et pour compléter la mienne, j'ajouterai que je me sens des entrailles de Français autant que Breton, Bourguignon ou Provençal : que j'aurais pour les habitants de ces anciennes provinces autonomes, des paroles de blâme sévère s'ils reniaient la Duchesse Anne, le bon Roi René ou le Duc Charles sous prétexte qu'ils n'étaient pas Français : et que je ne crois pas manquer à mes devoirs de citoyen en gardant, comme un foyer de nobles sentiments, le culte de ma petite patrie dans la grande, de la Corse à jamais confondue avec la France.

De cette époque du Protectorat anglais, je ne veux citer qu'une seule lettre. Elle est inédite, et voici, Messieurs, ce précieux et vénérable autographe qui appartient au chercheur le plus consciencieux que je connaisse, à mon ami et maître vénéré, M. Philippe Caraffa.

Un mot d'explication est nécessaire.

Le maréchal de Thermes, au XVIe siècle, fut jaloux de l'influence que Sampiero excerçait sur ses compatriotes : au XVIIIe le vice-roi, lord Gilbert Elliot, fut jaloux de l'amour que les Corses portaient à PAOLI. Il fallait amoindrir son influence et l'éloigner des affaires. On n'osait pourtant pas lutter ouvertement contre le vieux lion. On l'attaqua, comme une nuée de moucherons l'auraient fait ; on lui fit mille piqûres. PAOLI avait accoutumé son âme aux sacrifices ; il se retira à Rostino, mais avec une attitude fière et majestueuse, selon la belle pensée du Poëte, « *a guisa di leon quando si posa.* » Peu de semaines après sa retraite, on tombait dans la confusion. Le géant parti, ce fut un gouvernement de pygmées : sa main puissante seule soutenait l'édifice. La constitution fut ouvertement violée par le pouvoir exécutif et le pays s'agita. Les municipalités voulurent protester au moyen de réunions tumultueuses. La cause était juste, mais les actes par lesquels on prétendait la défendre n'étaient pas constitutionnels. — Que ce mot de la langue politique moderne ne vous étonne pas, Messieurs : il était alors parfaitement en usage en Corse. — Les membres d'une des municipalités de la *Pieve* de Moriani, sans doute pensant faire leur cour au Général, lui communiquèrent leurs intentions, leurs désirs de résistance.

C'est sa réponse que nous avons sous les yeux, et cette réponse est un modèle d'honnêteté politique.

> « *Cittadini della communità di Santa Lucia di Moriani,*

» La vostra supplica non è presentabile perchè sente di ribellione contro li decreti del Parlamento, e vorrebbe con ingiuria e violazione della Costituzione attribuire al Vice Re il potere di sospenderli. *Il Parlamento siamo noi stessi* : in un'altra sessione potete pregarlo che riveda se ne' suoi decreti vi sono occorsi inavvedutamente errori nocivi; se non vuole o non può correggerli, l'altro Parlamento può cassarli, *e voi baderete a ben scegliere li vostri membri della Camera.* Le tasse d'altronde non sono che provisionali, e per l'anno, come si usa in Inghilterra. Se credete che gl'impiegati o qualche consigliere abusino della confidenza, potete supplicare che li rimova dalla sua presenza, *per aver essi perduta la confidenza del Popolo la quale è sempre necessaria in Governo libero*, specialmente in queste circostanze di guerra. Il Popolo ha dritto di fare queste petizioni, *ma deve esso non mancare di riguardi al Capo del Potere Esecutivo*, ed in modo che convenga alla dignità di un Popolo libero. Il zelo per la vostra libertà e per l'onore ed osservanza delle nostre costituzioni m'obbliga a scrivervi di questo tenore. Gradite, vi prego, la mia franchezza che deriva dal più sincero amore che vi porto e che vuole la stima che ho per li corpi municipali. »

Vous avez remarqué, Messieurs, ce profond respect du pouvoir légal, ce sentiment de la Majesté du Parlement, représentation véritable du pays : en même temps, cette conscience du droit individuel. Si l'on voulait donner des leçons au peuple, aujourd'hui encore, pourrait-on lui tenir un langage plus profitable? Et PAOLI, retenez cette particularité, par cette lettre mettait ses ennemis personnels à l'abri des éventualités d'un soulèvement ou tout au moins d'une agitation populaire, car ses conseils furent suivis et les plaintes de la Nation parvinrent au Vice-Roi dans une adresse ferme, mais respectueuse.

Mais la présence de PAOLI en Corse était un obstacle à l'ambition de ceux qui entouraient Lord Elliot. On supprima l'obstacle : et le roi Georges, avec une hypocrisie toute royale, l'invitait à se rendre à Londres, pour y prendre, disait-il, la place qu'il lui réservait dans sa propre famille.

4

VI.

L'auguste vieillard quitta la Corse et pour jamais. Comme Aristide, son seul tort était d'être
irréprochable. Mais la patrie était pour lui la
Robe de Nessus : jusqu'à son dernier jour, il devait la garder dans son cœur et toutes les fois
qu'on essayait de l'en arracher, on lui déchirait
les chairs.

Messieurs, au point de vue de l'étude que j'ai
entreprise, cette époque de la vie de PAOLI est
l'époque la plus intéressante. C'est qu'alors, en
effet, il était près de voir finir ce grand combat
qui s'appelle la vie : et, quand on approche du
terme de l'existence, les pensées qui envahissent
l'âme portent déjà l'empreinte du calme et de la
majesté du tombeau. Le soir, quand la nuit va
venir, il y a dans la nature une heure solennelle : les bruits de la journée taisent leur voix,
toute chose créée se revêt de teintes douces, les
lignes s'adoucissent et se confondent dans une
délicieuse harmonie. Il en est de même pour
les âmes au déclin de la vie; alors la pensée est
sereine et calme : l'apaisement se fait dans l'esprit, puis l'isolement veut que l'on se replie sur

soi-même : un grand travail de recueillement a
lieu : et les générations à venir trouveront dans
les dernières manifestations de l'intelligence qui
va s'éteindre les harmonies de l'heure crépus-
culaire.

C'est alors que l'étude des caractères se fait
avec quelque utilité.

Messieurs, lorsqu'une grande injustice est
commise, surtout lorsque celui qui en est l'ob-
jet mérite, au contraire, la reconnaissance de ses
concitoyens, on s'attend de sa part à une explosion d'indignation. Les hommes véritablement
grands sont exempts des faiblesses les plus na-
turelles. La première lettre que nous possédions
après son arrivée à Londres, porte l'empreinte
du calme qui régnait dans son esprit, — parce
que sa conscience était pure.

Il écrit à Galeazzi :

« Londra, 14 Febbraio 1796.

» …. Grazie al Signore, godo sempre della miglior sa-
lute. È vero che questo mio passo potrebbe pregiudicare
non poco la mia piccola economia. Il danaro se ne va come
l'acqua : ma quando restassi in camicia, ogni cosa sof-
frirei volentieri quando ci vedessi l'interesse della Patria
e la consistenza del mio carattere. »

J'ai cité aussi ce passage à cause de l'expression populaire mais énergique qu'il emploie. On

peut épuiser ses ressources, on n'épuisera jamais le fonds d'abnégation qu'il possède.

— **Voici une lettre d'une physionomie toute particulière, mélange de calme et de noble fierté. Elle est adressée à Antonio Padovani.**

« Londra, 8 Marzo 1796.

» Vivete di buon animo, e lasciate che parlino, e mi maledicano a lor talento taluni. La mia coscienza non mi rimprovera; e se avrò vita li vedrò al solito, umiliati, fare le più basse apologie della loro vile condotta. *Sono ben conosciuto dal mondo, sono indipendente,* nè alcuno può farmi male, che non ne faccia più a se stesso in faccia al publico. *Non baratterei questa mia situazione per tutto l'oro del mondo.* Vi abbraccio. »

— **Au même Padovani, il adressait, le 11 avril 1797 cette lettre remarquable.**

« Londra.

« .... La pace non pare più tanto lontana : onde spero che al principio dell'estate li passi mi potranno essere aperti per venire in Italia a passarvi tranquillamente li pochi giorni che mi restano. In Corsica non penso più di starvi : sono stanco di essere bersaglio delle malnate gelosie. In Italia menerò vita indipendente e agiata. *In qualunque evento, pare che la Patria potrà godere la sua libertà. Questo e stato il voto mio principale. Da qualunque mano essa riceva que-*

*sto benefizio, non fa il caso. Si ottenga l'intento;
tanto basta a chiunque ha zelo disinteressato e
nobile. »*

Cette dernière pensée est très-remarquable ;
elle prouve combien Paoli était dépouillé de
tout sentiment de haine et d'envie. Que le
pays soit libre par lui ou par toute autre main :
la seule chose qui lui importe, c'est qu'il le soit ;
et il applaudit.

— Dans son exil, il dédaigne, avec un calme
stoïque, les injures qu'on lui adresse, les calom-
nies dont on l'outrage. — Quelle simplicité, quel
dédain tranquille dans ces paroles écrites le 20
septembre 1798 à l'abbé Bonaventura Poletti.

« Londra.

» Vi ringrazio delle notizie che mi date. Vi consiglio
però a non far caso del male che si dice di me. La pas-
sione, che accieca l'uomo, andrà scemando col tempo :
ed allora a sangue freddo i miei nemici si vergogneranno
forse da loro stessi per i mal fondati propositi tenuti a
mio riguardo. »

— Je ne m'en défendrai pas, Messieurs, j'ai
voué à la mémoire de Paoli une vénération profonde, un culte, si vous voulez. Souvent j'ai
voulu pénétrer dans cette existence, vivre de
ses pensées. Avec ardeur, je désirai que tout

voile fût déchiré entre son âme et le plus humble de ses admirateurs.

Dans ces heures où mon esprit évoquait sa grande image, je me suis parfois demandé, s'il avait aimé, si l'amour du pays avait étouffé dans son cœur toute affection, toute flamme étrangère. Je sais bien que le culte de la Patrie est aussi un sacerdoce qui comporte le célibat comme la religion; je comprends que PAOLI n'ait pas engagé sa foi : il avait épousé la liberté qui lui tenait lieu de famille. Pourtant il me semblait impossible que cette âme ardente et passionnée, si ouverte à toutes les grandeurs morales, n'eût pas rencontré, sur son passage, une autre âme enthousiaste que l'admiration eût poussée vers lui et qui méritât de fixer ses hommages. Un jour, en parcourant le Recueil de Tommaséo, je trouvai, dans une lettre, un mot qui m'avait échappé à une première lecture, un mot du cœur.

« 16 Marzo.

»…. La signora avrebbe voluto venire quà. Devono avere più danaro di me, ad intraprendere un sì fatto viaggio e per mantenersi quà. Io non voglio parenti all'intorno, e specialmente donne. È morta quella che avrebbe potuto essermi utile in tempi meno incerti di questi…. »

Si je ne me trompe, cette pensée est l'expression voilée et contenue d'une affection de femme. PAOLI nous apparaît sous un aspect austère ; mais je suis convaincu que sa gloire ne perdrait rien de son éclat, s'il était prouvé, un jour, que ce grand cœur ait battu pour une âme douce et délicate en même temps que pour la liberté de son pays.

Dans cette lettre, ces mots : « *io non voglio parenti all'intorno* » ne vous ont sans doute pas échappé. Pour laisser à cette pensée sa véritable signification, Tommaséo nous fait remarquer que les parents vaniteux et solliciteurs sont la plaie attachée au flanc des hommes parvenus au sommet des honneurs.

— On nous a dit souvent que PAOLI avait une âme vindicative, qu'il sacrifia son pays à ses rancunes. La lettre suivante répond victorieusement à cette accusation, et prouve qu'il pensait avec son patriotisme et non avec ses passions :

« *All'abate Poletti a Roma.*

« 18 Marzo.

» Il proclama del Governo francese nel quale, senz'essere nominato, vengo escluso dall'amnistia, non mi permette di ripormi a viaggi sul continente, dove o sono Francesi, o v'è la loro influenza : assai grande dappertutto.... Nè devo lagnarmi del Nostro Nazionale per questa occasione : egli opera come capo della Republica Francese, contro la quale nominatamente sono uno di quelli ch'han fatto guerra, e le han cagionato danno. Fu senza colpa la nostra rivolta, e fu necessaria difesa : pur egli non deve nè può dar torto al suo governo. La minima condiscendenza a nostro favore lo avrebbe fatto tacciare di parzialità. *Chi ama il publico bene è forzato a sacrificargli i propri sentimenti e personali riguardi. Vorrei però che si ricordasse della sua patria. Lo amo perchè ha fatto vedere che gli abitanti di quell'oppressa e vilipesa isola, sciolti una volta dalle fredde mani d'un governo tirannico, sanno distinguersi in ogni carriera. Ha fatto le nostre vendette contro di tutti quelli ch'erano stati cagione del nostro avvilimento. Il nostro destino è ora fissato....* »

On l'exclut de l'amnistie et il ne trouve pas un mot de reproche : les portes de la patrie lui sont fermées et, au lieu de maudire, il bénit. Le chef du gouvernement français s'appelait Napoléon Bonaparte, un adversaire, et il dit : « *Lo amo...* » — Pourvu qu'il se souvienne de sa patrie! s'écrie-t-il, car sa préoccupation constante, c'est le bonheur de son pays.

— Il n'est point de lettre de cette époque de calme et d'apaisement qui ne soit remarquable. Ce calme de l'esprit est si grand que, malgré le grand âge, les indispositions qui accompagnent sa vieillesse, les grands et tristes souvenirs qui

vivent en lui, il a parfois une douce gaité sereine
comme sa pensée.

« Londra, 25 Febbraio.

» Conosciuta la causa del male sono stati prescritti i
rimedj che si credono efficacissimi a farmi libero di ogni
attacco. Sono poi, come sapete, assai vecchio e pieno
d'indisposizioni. Non devo trovarle strane. Se l'entrante
marzo non mi fa qualche burla, in aprile finisco il mio
grande anno climaterico, ed esco dalle due zappe (1) : e
posso ripromettermi di sentir la sorte della nostra Patria
una volta fissata, e quiete le nostre genti.... »

S'il désire vivre quelques jours encore, c'est
pour avoir le bonheur de voir désormais fixées
les destinées de la Corse. Cette pensée revient
constamment sous sa plume.

Les hommes de génie ont des intuitions sublimes. Leur esprit embrasse avec tant de lúci-
dité, pour en définir les causes et en prévoir les
résultats, les faits qui se passent sous leurs yeux,
ils ont une telle puissance d'observation qu'ils en
acquièrent comme le don de divination. On di-
rait que leur regard dépasse l'horizon humain.
Je vais mettre sous vos yeux une prophétie ; elle

---

(1) Expression corse qui signifie : dépasser l'âge de 77 ans :
par allusion à la pioche, instrument d'agriculture ayant la
forme d'un 7.

4*

est de 1802. C'est une lettre adressée à l'abbé Poletti :

« Londra, 19 aprile 1802.

» Non abbiamo più avuto altra notizia del Sig. Colonna. Il conte Fuentes, ministro del Re di Sardegna, mi disse che quel Sovrano lo aveva accolto graziosamente. Egli dal padre e dall'avo ha ereditata la propensione che ha per la nostra gente. *Colla costituzione simile a questa, quella famiglia avrebbe assicurata la libertà dell'Italia. E per interesse non poteva mai cessare dall'alleanza francese. Voglia il Cielo che il nostro Patriotto rifletta bene su questa idea !* »

Un jour est venu où la Sardaigne a eu une constitution libérale, le Statut, où la famille de Savoie a assuré la liberté de l'Italie, où l'alliance française est devenue une réalité, où un Corse enfin, ainsi que Paoli en faisait le vœu, *a bien réfléchi sur cette pensée!*

L'esprit reste confondu ! mais non pourtant, l'explication est simple. PAOLI, qui connaissait le prix des institutions libres, savait que la liberté fait des miracles. Il a dit, dans une de ses lettres au Révérend Père Palmieri, que les miracles de la liberté sont plus nombreux, plus grands, plus bienfaisants que ceux de Saint Antoine de Padoue. Le miracle s'est réalisé et l'Italie l'*alma parens* du poëte, notre mère aussi, dont les cris de douleur, tandis qu'elle était opprimée, retentissaient douloureusement dans nos cœurs, l'Italie a reconquis son indépendance et sa liberté. Et les flots de la Méditerranée, qui enferment nos côtes comme ils baignent leurs rivages, ont apporté à nos frères italiens l'écho de notre joie et de nos applaudissements.

« Londra, 18 maggio 1802.

« Sono ben sensibile all'affezione de' miei nazionali : ma non ostante la pace conchiusa, la mia avanzata età non mi permette la lusinga di rivedere la Patria. Per una crudele fatalità ho dovuto sempre partirne quando più mi credea di esservi di qualche utilità. Ora son vecchio : ed anche gli ordini generali del Governo me ne chiudono la strada. Nè me ne lagno, perchè non potea fare eccezioni senza attirarsi il biasimo di parzialità. Saluto tutti. Assicurate pure che non ho odio con alcuno. .... Vorrei che conservassero gli scritti che restano, e quella spada che mi fu regalata dal Prussiano. Quel mobile, e il regalo fattomi dal bey di Tunisi (1), vorrei che restassero nella cassa della confraternita.... »

Quel admirable langage ! Il se complaît dans la justification de ceux dont il aurait pourtant le droit de juger sévèrement la conduite. Ses pen-

---

(1) Le bey de Tunis, avait fait présent à Paoli d'une selle à étriers d'argent, d'une épée et d'une paire de pistolets.

sées se tournent vers de plus nobles objets : il ne voudrait pas que l'épée qu'il tenait du roi de Prusse ne fût pas conservée. C'est qu'elle portait sur la garde ces mots qui résumaient sa vie : *Patrie, Liberté*. Et cet hommage digne de lui le flattait.

— En vous parlant du protectorat anglais, je vous ai dit que Paoli n'avait eu d'autre but que de sauver la liberté de son pays et que sa résolution ne pouvait lui être imputée à crime. Vous pourrez voir dans la lettre que je vais lire, qu'il n'eût jamais songé à détacher la Corse de la France, si celle-ci avait pu lui assurer cette liberté. Vous verrez surtout que le jour où ce but fut rempli, il sut reconnaître les avantages de notre union avec la République. La lettre est adressée à l'abbé Giovannetti :

« Bristol, 3 Settembre.

» .... Con una grande consolazione e dalla vostra lettera e dal Sig. Tommasi sono stato informato del vostro buon essere, e della compiacenza colla quale seco voi si vanno riandando da Bozi e Ristori le vicende passate nel nostro paese. *Lodiamo il Cielo : quelle hanno avuto il fine che se ne desiderava. Libertà e buone leggi : questa il nostro paese l'ha ottenuta in comune con la Francia da un nostro compatriotto...* Da quanto sento, presto vanno ad aprirsi nell'isola scuole e collegi per l'educazione della gioventù a promoverne li talenti. *Queste considerazioni imbalsamano li pochi giorni di vita che mi restano.* Abbiamo sofferto assai nelle nostre guerre e molto sangue s'è versato : ma quanti altri popoli più di noi hanno sofferto per il puro interesse de' loro sovrani, e sparso sangue senza aver migliorata la loro condizione ! La gratitudine dei nostri posteri renderà giustizia alle buone intenzioni di quelli che han governato ; e ricorderà nelle storie il valore di quelli che col proprio sangue hanno meritato alla patria un sì glorioso fine de' suoi travagli. Godo sentire che le cose nell'isola vadano bene : e meglio anderanno se avran buon senso li nostri nazionali. Sono liberi : ed a condizioni eguali con li Francesi. *La libertà fu l'oggetto delle nostre rivoluzioni : questa ora in realtà si gode nell'isola : che importa da quali mani ci sia derivata ?*

» .... Contracambiate li miei affettuosi saluti alli due amici, e ricordatemi alli buoni patriotti : ed assicurate tutti che non ho rancore con alcuno, per disgusti personali che possan credere di avermi cagionato. *Non ho mai curato le private offese.* Per riguardo alle publiche, ho fatto quel che io credea, in conformità delle leggi , necessario per mantenere la publica tranquillità. *Spero che li posteri scuseranno le mie ignoranze, e faran giustizia alle mie buone intenzioni per il bene della patria.* »

On ne commente pas de pareilles lettres , on les admire.

Ici Tommaséo s'écrie : Homme vénérable ! reçois les larmes de reconnaissance de celui qui aurait mis sa gloire, non à être le ministre des Rois de la Terre, mais le plus humble de tes soldats!

— Plus le grand Citoyen approche de la tombe, plus il grandit. Il se transfigure en quelque sorte : il parvient à une perfection d'idées et de sentiments qui tient du sublime, et vous ne me désavouerez pas quand vous aurez entendu les dernières et nobles pensées qui nous soient restées de l'illustre Exilé.

« Wathill, 21 decembre 1802.

« Niuno è più vano di me, dell'onore che si fanno li nostri compatriotti ; e non mi stanco di lodarli, e di far gradire il loro governo nell'isola : lo che non avrei fatto se questi con l'abbandono non avessero affatto rinunziato a'loro diritti. *Il mio amore per la libertà è stato sempre l'istesso : l'ho fatto conoscere esente d'ogni interesse personale. La Patria è ora libera, come il resto della Francia; perchè non devo essere contento? Da qualunque mano derivi, sia benedetta! Son liberi i Corsi!* Hoc erat in votis! *Chiuderò gli occhi al gran sonno, contento, e senza rimorsi sulla mia condotta politica. Iddio mi perdoni il resto.*

Ces accents remuent jusqu'au fond de l'âme, et je suis convaincu, Messieurs, qu'il a passé en vous, tandis que je lisais, comme un puissant frisson, celui que donnent les choses divines !

Jusqu'à ce que la pensée se soit immobilisée dans notre cerveau, jusqu'à ce que notre cœur ait cessé de battre, tant que nos monts auront les forêts et nos plaines les moissons, jusqu'à ce que le corail de notre mer ait surmonté les cimes du Rotondo et du Cinto! ton nom, ô grand PASCAL, sera, pour les Corses, le symbole vénéré de la Liberté!

VII.

Dans un quartier perdu au sein de Londres, près d'une pauvre et petite chapelle catholique dédiée à Saint Pancrace, se trouve une tombe modeste. Elle n'attire point les regards de la foule, et les herbes qui l'environnent témoignent assez que nul pieux visiteur ne foule le sol qui renferme ce mort inconnu. Une simple grille de fer entoure le tombeau. Une inscription à demi-effacée par les années, couvre une des parois. Un écusson gravé sur un autre côté du monument disparaîtra bientôt rongé par le brouillard. Si vous vous approchez de ce monument, vous verrez, surmontant l'écusson, une couronne royale, et pour armoiries, un bras tenant une épée nue : et l'inscription, quand vos yeux fatigués l'auront rétablie, vous révèlera un nom,

un nom qui flamboiera soudain dans votre pensée et fera battre votre cœur : car cette tombe
ignorée, c'est celle du Législateur de la Corse,
de Pascal Paoli (1).

Le 2 février 1807, ses forces l'abandonnèrent :
à 8 heures et demie du soir, la maladie s'empa-
rait de l'illustre vieillard : trois jours après, le
jeudi à 11 heures et demie, il cessait de vivre.
Selon sa belle expression, il fermait les yeux
pour dormir son grand sommeil. Sa dernière
pensée fut pour sa patrie bien-aimée et c'est en
termes touchants qu'il lègue à la Corse, comme
preuve de son amour, toutes ses épargnes pour
créer, au centre de l'île, l'école qui porte son
nom. Pendant onze années, il avait économisé
sur le pain de l'exil pour assurer à ses compatriotes le pain de l'intelligence.

Il avait désigné, dans son testament, le lieu
de sa dernière demeure et exprimé le désir que
de simples et modestes funérailles lui fussent
faites. Il fixa lui-même l'instant de l'inhumation
et choisit, pour rentrer dans le sein de la terre,
l'heure où les rayons du soleil mourant dispa-

---

(1) Le tombeau de Paoli était, il y a quelques années, dans
un état de délabrement complet. Un de nos compatriotes, ad-
mirateur passionné de son génie, le fit restaurer. Il exige que
je ne prononce pas son nom. Je puis du moins exprimer le re-
gret de ne pouvoir le signaler à la reconnaissance du pays.

raissent de l'horizon. Ses désirs furent scrupu-
leusement respectés. Un compagnon d'exil, François Pietri de Fozzano, un des députés chargés
d'offrir au Roi Georges le protectorat de la Corse,
veilla à l'exécution de ses volontés dernières : et
c'est à lui que nous devons l'inscription placée
sur le tombeau : elle rappelle simplement les
événements de cette admirable existence.

Deux mois après l'inhumation — qui eut lieu
le 13 février — dans le courant du mois d'avril,
Giacomorsi, un serviteur fidèle, entre les bras
duquel expira le général, et le Révérend Doc-
teur Burnaby, un ami de quarante années, se
rendirent dans l'abbaye de Westminster, et avec
l'autorisation du Gouvernement Britannique,
choisirent une place pour un monument funè-
bre : et une inscription, surmontée du buste de
l'illustre mort, lui fut consacrée. C'est ainsi que
le nom du Libérateur des Corses brille au milieu
des plus grands noms de l'Angleterre.

Bénie soit, Messieurs, la mémoire de ce serviteur et de cet ami dont les mains pieuses rendirent ce suprême hommage au héros et au martyr de la Liberté !

Mais, en rendant justice à ces deux fidèles, je
ne puis me défendre d'un douloureux sentiment
de tristesse, de tristesse poignante comme un
remords. Avons-nous, comme eux, payé notre

dette d'amour et de reconnaissance, et ne reste-
t-il pas pour la Corse entière un grand devoir
à remplir?

Cette tombe, sur un sol étranger, gardera-
t-elle éternellement la dépouille de Pascal PAOLI?
Cette petite île qu'il a faite si grande dans l'histoire, sur laquelle se projette encore sa grande
ombre, qui, par lui, tint les regards du monde
un instant fixés sur elle, n'aura-t-elle pas un coin
de terre à lui donner? Cette mère n'ouvrira-t-elle
jamais son sein pour recevoir le fils de ses entrailles?

C'est impossible, Messieurs! Il faut que le pays
tout entier élève la voix pour réclamer ce qui
lui appartient, son bien précieux. Ce n'est pas
dans une tombe ignorée, sous un climat froid et
brumeux que doivent reposer ces reliques sa-
crées, cette enveloppe brisée d'un grand cœur,
cette poussière glorieuse d'un grand homme!
Donnons à ces ossements refroidis un asile sur
lequel brille et resplendisse le soleil de la terre
natale. Ne sentez-vous pas qu'il est temps enfin
de soulager du poids de ce remords la conscience de la Corse?

Depuis le Cap jusqu'au Détroit, tous les cœurs
tressailliraient, et une immense acclamation ré-
pondrait à votre appel : car l'initiative de cette
pensée doit vous appartenir. Ici même, une voix

que vous avez applaudie et qui méritait de l'être, vous a dit que votre ville marchait à la tête de la civilisation de notre pays, qu'elle était le foyer d'où se répandaient les lumières. Eh bien! comme noblesse, civilisation oblige!

Toutes les idées généreuses doivent vous trouver les premiers, parmi ceux qui les poursuivent. Faites-vous les promoteurs de ce grand acte de justice. Et comme le sang afflue au cœur, sous l'influence d'une forte émotion, vous verriez, électrisées par votre exemple, se grouper autour de vous pour concourir à l'œuvre patriotique, les populations de la plaine et de la montagne, de la Terre des Communes et du Delà des Monts.

Dans trois ans, Messieurs, un siècle se sera écoulé depuis Pontenovo. L'heure séculaire ne sonnera pas, si vous le voulez, sans que les restes de Pascal PAOLI ne nous soient rendus. Sous la dalle froide qui le recouvre, le Grand Mort attend cette dernière et suprême réparation. La Corse la lui donnera! et sur le tombeau de son Libérateur, elle gravera ces mots : CECI, C'EST L'ARCHE SAINTE DE LA LIBERTÉ!